不要这样做

[英] 亚尼内·阿莫斯 / 著　　[英] 安娜贝尔·斯彭斯利 / 绘
[英] 雷切尔·安德伍德 / 幼教顾问　　贾洪宝 / 译

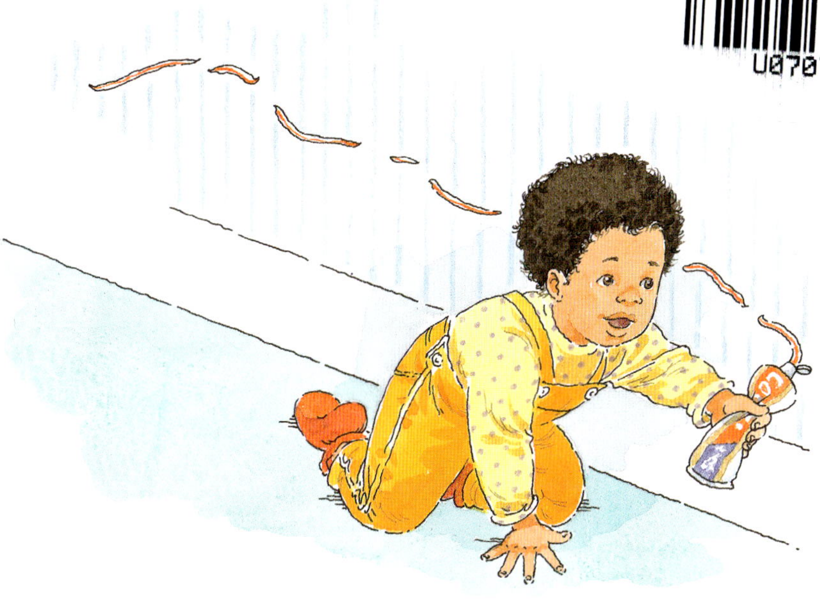

图书在版编目（CIP）数据

不要这样做 /（英）阿莫斯著；贾洪宝译 . — 北京：知识产权出版社，2016.1

（我能管好自己）书名原文：Don't do that

ISBN 978-7-5130-3295-7

Ⅰ. ①不… Ⅱ. ①阿… ②贾… Ⅲ. ①品德教育 — 儿童教育 — 家庭教育 Ⅳ. ① G78

中国版本图书馆 CIP 数据核字 (2015) 第 016014 号

First published in the United Kingdom by Cherrytree Books, 1999
Copyright©Evans Brothers Ltd.
This edition published under licence from Pila Books Limited.
This edition is only available for sale in Mainland China.

责任编辑：李 潇　　　　　　　　　责任校对：谷 洋
装帧设计：于 静　　　　　　　　　责任出版：刘译文

我能管好自己 ⑧
不要这样做
[英] 亚尼内·阿莫斯 著　　　[英] 安娜贝尔·斯彭斯利 绘
[英] 雷切尔·安德伍德 幼教顾问
贾洪宝 译

出版发行	知识产权出版社 有限责任公司	网　　址	http://www.ipph.cn
社　　址	北京市海淀区马甸南村 1 号	邮　　编	100088
责编电话	010-82000860 转 8133	责编邮箱	elixiao@sina.com
发行电话	010-82000860 转 8101/8102	发行传真	010-82000893/82005070/82000270
印　　刷	北京中科印刷有限公司	经　　销	各大网上书店、新华书店及相关专业书店
开　　本	787mm×1092mm 1/16	字　　数	40 千字
版　　次	2016 年 1 月第 1 版	印　　张	2
ISBN 978-7-5130-3295-7		印　　次	2016 年 1 月第 1 次印刷
京权图字	01-2015-0582	定　　价	9.00 元

出版权专有 侵权必究
如有印装质量问题，本社负责调换。

小兔子

乔希刚得到一只小兔子,他抱给布拉德看。"它的名字叫'小保镖'。"乔希说。

"能让我抱抱它吗?"布拉德问。
乔希点点头。

乔希小心翼翼地把小兔子递给了布拉德。

可是,小兔子在布拉德的怀里动来动去。
布拉德只好把它抱得更紧了。

"不要这样做!"乔希喊道,"你抱得这么紧,会弄伤小兔子的!"

乔希要把小兔子抱回来。"快放手!"他喊道。

小兔子被吓坏了。

布拉德放开了小兔子。

"我只不过是想抱抱它。"布拉德既委屈又伤心地说。

"你刚才抱得太紧了,会弄伤它的。你应该这样抱。"乔希说完,轻轻抱着小兔子给布拉德看。

布拉德抚摸了一下小兔子。

乔希再次慢慢地将小兔子递给了布拉德。布拉德把小兔子轻轻地抱在怀中。

牙膏

萨莎在浴室里看见一管牙膏……

她用牙膏在浴缸上画起画来。

然后,她又在墙上画起来。

就这样,她沿着走廊一直画了过去。

她画进妈妈的卧室后,又在镜子上画了起来。

利安娜看到了萨莎在妈妈的房间里,也看到了她涂得乱七八糟的牙膏画。

"不要这样做！"利安娜大声喊道。

"哇!"萨莎被吓得大哭起来。

妈妈跑了进来。"看看她干的好事!"利安娜说。

妈妈看了看，使劲地做了做深呼吸。

"萨莎还不知道牙膏是干什么用的!"妈妈说。

"我们应该告诉她牙膏有什么用途。"说着,利安娜拿来了她的牙刷。

"看，萨莎，牙膏是用来刷牙的。"利安娜说。

萨莎抓住牙刷，咧嘴笑了。她还没有牙可刷呢！

想一想

如果有人做了你不喜欢的事情,该怎么办呢?你首先应该对他说:"不要这样做!"另外,你要把自己的想法告诉他,这样他才会知道你希望他怎样做。